마음이
삶을
결정한다

길을 찾는 사람

길을 찾는 사람

지은이 | 조정민
초판 발행 | 2012년 10월 22일
22쇄 발행 | 2025. 5. 12
등록번호 | 제1988-000080호
등록된 곳 | 서울특별시 용산구 서빙고로65길 38 두란노빌딩
발행처 | 사단법인 두란노서원
영업부 | 2078-3352   FAX | 080-749-3705
출판부 | 2078-3331

책 값은 뒤표지에 있습니다.
ISBN 978-89-531-1822-5 03230

독자의 의견을 기다립니다.
tpress@duranno.com   http://www.Duranno.com

ⓒ 저자와의 협약 아래 인지는 생략되었습니다.
이 출판물은 저작권법에 의해 보호를 받는 저작물이므로 무단 전재와 무단 복제, 무단 사용을 할 수 없습니다. 이를 어길 시 법적 조치를 할 수 있음을 알려드립니다.

두란노서원은 바울 사도가 3차 전도여행 때 에베소에서 성령 받은 제자들을 따로 세워 하나님의 말씀으로 양육하던 장소입니다. 사도행전 19장 8-20절의 정신에 따라 첫째 목회자를 돕는 사역과 평신도를 훈련시키는 사역, 둘째 세계선교(TIM)와 문서선교(단행본·잡지) 사역, 셋째 예수문화 및 경배와 찬양 사역, 그리고 가정·상담 사역 등을 감당하고 있습니다. 1980년 12월 22일에 창립된 두란노서원은 주님 오실 때까지 이 사역들을 계속할 것입니다.

조정민@ChungMinCho의 **twitter**잠언록

길을 찾는 사람

조정민 지음

두란노

프롤로그

길을 찾는
길동무들에게

　길 찾느라 일생을 보냈습니다. 젊은 시절 그 많은 시간을 홀로 그리고 이미 세상을 떠난 친구와 함께 길 이야기를 늘어놓으며 밤을 새워 통음했습니다. 치열한 일터 현장에서는 문득 문득 사람이 길이라는 생각에 젖었습니다. 나이 쉰에 이르러서야 진리의 길에 눈떴습니다. 그리고 땅의 길과 하늘의 길이 겹쳐 있음을 보았습니다. 하늘이 땅보다 높다고만 여겼는데… 어느 순간 하늘이 땅 안에 땅 밖에 땅 위에 땅 아래 그리고 땅을 통해 있음을 보았습니다.
　길 찾는 사람들이 보였습니다. 길 잃은 줄도 모르고 가는 사람도 눈에 띄었습니다. 그분들과 길 얘기를 나누고 싶었기에 트위터 장터로 나갔습니다. 장터 골목 어귀에서 이따금 손짓 발짓으로 전했던 100자 안팎의 얘기들이 두 권의 책이 되었습니다.《사람이 선물이다》,《인생은 선물이다》는 오랫동안 제 삶 속에 묻어 있던 흔적들입니다. 올해 8월에는 그 장터를 떠나 한 달간 쉬었습니다. 그냥 말없이 훌쩍 떠나고 싶었습니다. 그러나 관계는 눈앞에서 멀어져도 마음에서 사라지지 않았습니다.

 길 떠난 사람들을 다시 만났습니다. 하루에 두 줄씩 다시 장터 어느 구석에 낙서처럼 쓴 글이 세 번째 트위터 잠언록이 되었습니다. 그냥 '선물 시리즈'로 하자는 친구들 이야기를 들으면서도 두란노 가족과 함께 길 이야기를 더 나누었습니다.《길을 찾는 사람》은 그렇게 이름이 지어졌습니다. 그러나 사람의 이름이 그렇듯 이름은 짓고 나면 이름 지은 사람은 좀처럼 부를 일이 없습니다. 제 이름이지만 그 이름은 일생 남이 부를 뿐입니다. 글도 책도 그리고 책의 이름도 세상에 고개를 내밀면 모두 독자들의 것입니다.

  길을 가리키고 자신은 그 길을 가지 않는 사람이 있습니다. 길을 가리키고 정작 자신은 길을 잃는 사람들도 있습니다. 제가 그런 사람이 되지 않기를 바랍니다. 길 이야기를 할 때도 그런 마음이었고 책이 될 때에도 그런 마음이었습니다. 내가 걸어 보지 않은 길 이야기를 하지 말자. 내가 걸었던 길의 아픔을 무조건 피하라고 하지 말자. 설혹 길을 잃었다 해도 희망은 잃지 않도록 길동무가 되자. 우리는 우리 자신이 알고 있는 것보다 너무나 서로에게 의존적입니다. 《길을 찾는 사람》이 그 의존의 의미와 가치에 보탬이 되었으면 하는 마음입니다. 사실 우리 모두는 어느 길에선가 반드시 만날 것입니다. 그러다가 어느 날… 우리 모두가 그 길의 일부가 되어 있음을 발견할 것입니다. 이 작은 글 모음에 수고를 다한 길동무들과 이 책을 통해 만날 뜻밖의 길동무들에게도 저를 생명의 길로 초청한 예수님의 사랑과 평안을 전합니다.

2012년 10월
CGNTV 2층 사무실에서 조정민

차례

프롤로그 …4

Part 1 나의 길

Chapter 1 도전은 꿈으로 향한다 13
Chapter 2 나를 아는 것이 가장 큰 지혜다 25
Chapter 3 마음이 삶을 결정한다 49
Chapter 4 인격은 성품으로 나타난다 65
Chapter 5 기준이 없으면 반성도 없다 75
Chapter 6 희망은 일어섬의 힘이다 79

Part 2 사람의 길

Chapter 7 삶은 고난이 있어 값지다 85
Chapter 8 더 나은 방법보다 더 나은 사람이다 103
Chapter 9 용서와 대접은 만남의 질이다 123
Chapter 10 말에는 진심과 진실, 지혜가 있다 135
Chapter 11 사람에게 일은 배의 닻과 같다 149
Chapter 12 인생은 관계를 겪어 내는 여정이다 159

Part 3 세상의 길

Chapter 13 돈과 권력, 그리고 사랑 183
Chapter 14 악함은 선하지 않은 성공과 목표에
         기생한다 189
Chapter 15 세상은 선택으로 만들어진 얼굴이다 197
Chapter 16 욕망과 탐심은 소유에 대한 불만이다 207
Chapter 17 세상 모든 변화는 희생과 헌신의 열매다 215

Part 4 하늘의 길

Chapter 18 예수님의 십자가는 종교가 아니다 223
Chapter 19 진리에 대한 믿음이 영성이다 231
Chapter 20 믿음·소망·사랑은 기다림이다 247
Chapter 21 사랑은 모든 시도의 완성이다 255
Chapter 22 내려놓음의 끝에는 행복이 있다 275

열정은 고난을 찾아가고 힘든 길을 마다 않고
실패를 두려워하지 않습니다.

Chapter 1

도전은 꿈으로 향한다

_1

열정은 고난을 찾아가고 힘든 길을 마다 않고
실패를 두려워하지 않습니다.

_2

"나 스스로 불타지 않으면 남을 불태울 수 없습니다."
열정은 반드시 고난을 겪지만
열정은 꿈이고 열정은 자력입니다.

_3

도저히 내가 할 수 없는 일에 도전하지 않으면
과연 내가 무슨 일을 할 수 있는지 일생 알 수 없습니다.
우리 모두는 내가 할 수 있다고 생각하는 것보다
더 큰 일을 위해 부름 받았습니다.

_4

길은 찾는 사람이 찾고,
사랑은 구하는 사람이 얻고,
기회는 문을 두드리는 사람에게 열립니다.
가만있으면 꽝입니다.

_5

가 보지 않았다고 길이 없는 것이 아니고,
하지 못했다고 할 수 있는 방법이 없는 것이 아닙니다.
언제나 한계는… 내가 설정합니다.

_6

땅과 눈물과 피는 헛된 법이 없고,
목숨을 건 꿈은 실패하는 법이 없습니다.

유정란은 품고 있으면 생명이 탄생하고,
무정란은 아무리 품어도 썩어 버립니다.
꿈을 좇으면 나도 이웃도 살아나고,
꿈이 없으면 아무리 일해도 기쁨이 없습니다.

_8

나보다 큰 꿈을 꾸면 꿈 때문에 내가 중요하지 않고, 나보다 작은 꿈을 꾸면 나 때문에 꿈이 중요하지 않습니다.

_9

자신의 꿈을 얘기하는 사람들을 만나고, 내 꿈을 들어주는 사람들을 만나고, 모두가 꿈을 꾸게 하는 사람들을 만나면… 고난을 겪을 수는 있어도 우울증이나 절망에 빠지지 않습니다.

_10
내가 그 자리에 앉지 못해 서운하거나 화가 나는 까닭은
내 꿈이 그 자리만도 못하기 때문입니다.
꿈은 언제나 자리보다 커서
자리에 갇히지 않습니다.

_11
상처는 과거를 말하고,
꿈은 미래를 말합니다.

꿈은 미래를 보는 것이고, 미래가 보여야 갈 수 있습니다.
꿈은 미래를 가리키는 나침반입니다.

가장 흔한 착각은
내가 무엇이나 된 줄 아는 것이고,
가장 귀한 깨달음은
내가 아무것도 아니라는 것입니다.

Chapter 2

나를 아는 것이 가장 큰 지혜다

_13

무대 위에 나는 없습니다. 감독과 관객이 기대하는 그가 있을 뿐입니다.

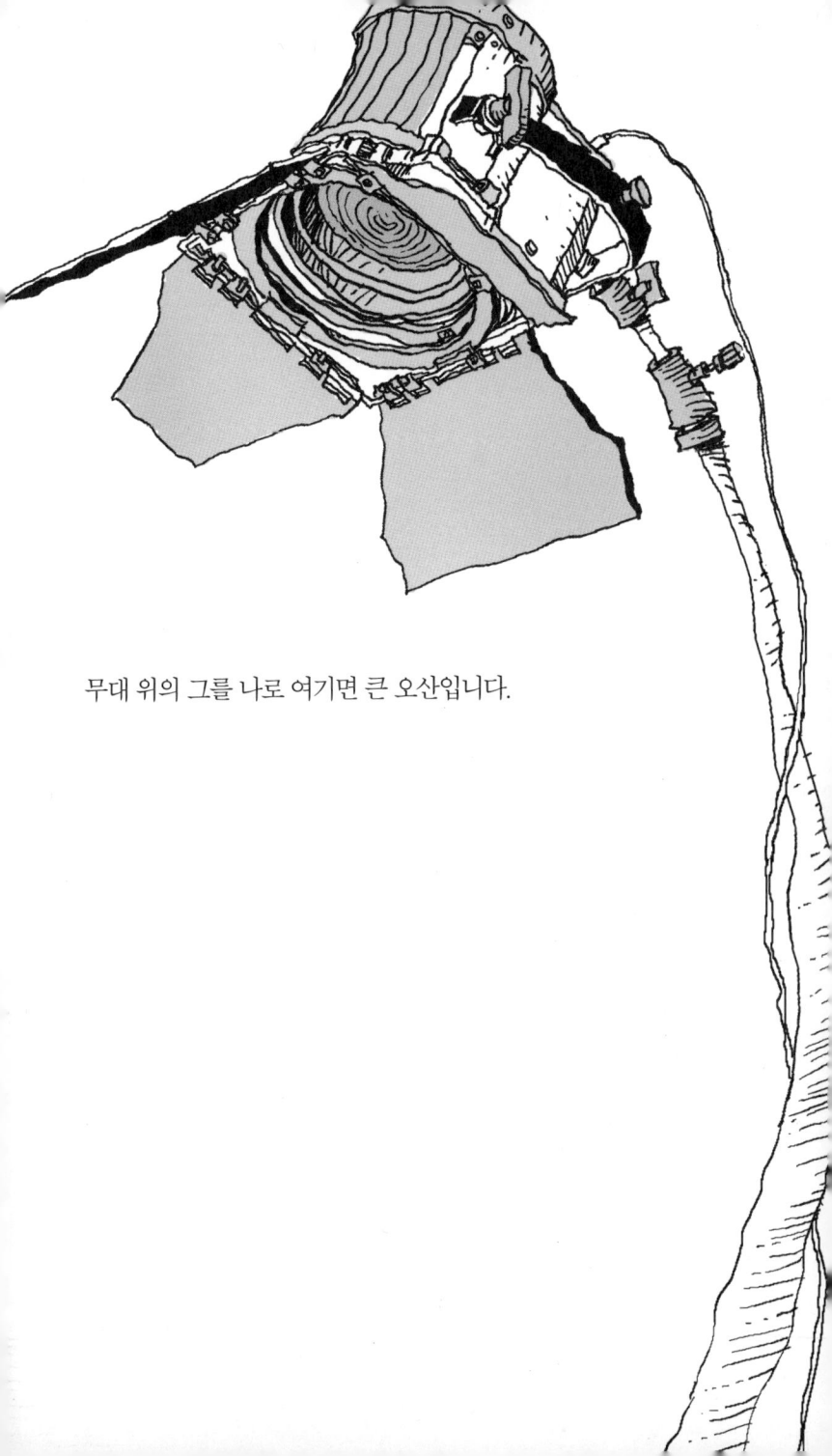

무대 위의 그를 나로 여기면 큰 오산입니다.

_14

가장 흔한 착각은 내가 **무엇이나** 된 줄 아는 것이고,
가장 귀한 깨달음은 내가 **아무것도** 아니라는 것입니다.

_15
내가 몸을
주장하지 않으면
몸이 나를 다스리고,
내가 생각을
추스르지 않으면
생각이 나를 쥐고
흔듭니다.

_16
나를 비난하는
사람과
나를 칭찬하는
사람에게
내가 누구인지를
결정하도록
내맡기는 것이
나를 잃어버리는
지름길입니다.
비난이건
칭찬이건
다른 사람 말에
휘둘릴 일이 아닙니다.

_17
내가 이 모습 이대로
나를 인정하지 않으면
일생 남이
나를 인정해 주기를
갈망하고,
내가 남을
그 모습 그대로
인정하지 못하면
평생
그 사람이
나 같은 사람 되기를
안달합니다.

_18

내 밖에 있는 문보다 내 안에 있는 문들이 더 많습니다.
밖에 있는 문들은 저절로도 열리고 누가 대신 열어도 주지만
내 안에 있는 문들은 내가 열지 않으면 누구도 열어 주지 않습니다.

_19

벽이 두꺼울수록 내가 불안하고,
담이 높을수록 내가 고독하고,
창이 작을수록 내가 답답합니다.
헐고 낮추고 터면 우선 내가 평안합니다.

_20

가장 질긴 밧줄은 사람들의 시선이지만
그 밧줄로 나를 묶는 사람도 나 자신이고,
그 밧줄에 묶인 나를 풀 수 있는 사람도 나 자신입니다.

_21

내 안의 거짓을 몰라 남을 비판하고,
내 안의 탐욕을 몰라 남을 비난하고,
내 안의 죄악을 몰라 남을 욕합니다.
남의 허물이 한 가지면 내 허물은 세 가집니다.

_22

남을 돕는 것보다 나를 크게 도울 수 있는 길이 없고,
남을 해치는 것보다 나를 크게 해치는 길은 없습니다.

_23

자신을 과대평가하면 불만에 시달리고,
자신을 과소평가하면 불안에 시달립니다.
나를 있는 그대로 받아들이면 평안합니다.

_24
나를 겪은 사람이 나의 원수도 되고
나의 후원자도 되는데
내가 누구를 탓하겠습니까.

_25

우리는
매 순간
나 자신을 예배하거나,
나 자신을 내려놓거나
둘 중 하나를 선택합니다.

_26

그토록 열심을 다해
그 사람을
오랫동안 사랑했는데도
기쁨이 없는 것은
나를 더 사랑했기 때문입니다.

_27

내가 악한 줄을 모르니
남을 욕하고,
내가 추한 줄을 모르니
남을 비난하고,
내가 치졸한 줄을 모르니
남을 비웃습니다.

_28

내 기대가 처음부터
잘못된 줄 모르면
사람들이
나를 배신했다고 말합니다.
내가 얼마나
사람들의 기대에서
빗나간 줄 모르면
나는 다른 사람들을
배신한 적이 없다고 말합니다.

_29
무엇을 보고 들었는지가
내 현재이고,
무엇을 보고 듣고 있는지가
내 미래입니다.
보이고 들리는 것을 거절하고
보고 들을 것을 결정해야
내 미래가 열립니다.

_30
결코 나는 나를 위해 존재하지 않는다는 것을
깨달을 때까지는 평안할 수가 없고,
나는 나를 위해 존재하지 않는다는 것을
깨닫고 나서는 불안할 수가 없습니다.

_31
"세상이 왜 이럴까?"
 나 때문입니다.
"세상에 왜 이렇게 문제가 많을까?"
 내가 문제이기 때문입니다.
"세상에 왜 문제가 더 많아질까?"
 문제인 내가 남을 탓하기 때문입니다.

_32

더 나은 삶을 꿈꾸고 더 나은 세상을 원한다면 가장 먼저
내가 바뀌어야 하고 어느 누구보다 나부터 바뀌어야 합니다.

_33

내가 시도하지 않으면 내가 무슨 일을 할 수 있는지 알 수 없고,
내가 도전하지 않으면 내가 어떤 일에 소명을 받았는지 알 수 없습니다.

_34 나를 가꾸는 사람은 매력적입니다.
남을 가꾸는 사람은 더 매력적입니다.
나를 가꾸면 행복합니다.
남을 가꾸면 더 행복합니다

_35

내가 왜 살아야 하는지를 모른다면 죽도록 일하면서도 허무하고, 내가 어디서 와서 어디로 가는지를 모른다면 일생 열심히 살면서도 방황합니다.

_36

나처럼 나를 오해하는 사람이 없습니다. 나는 늘 괜찮은 사람이고 정직한 사람이고 누구보다 바른 판단을 하는 사람입니다. 그런 오해를 입 밖으로 내지만 않는다면 별일 아닙니다.

_37
비난이 사실이 아니면 화가 나지 않아야 하고, 내 안에 갈망이 없다면 질투가 나지 않아야 합니다. 내 안의 분노와 시기는 내가 누구인지를 드러냅니다.

_38
어떤 비판이라도 달게 받아야 하는 까닭은 비판하는 사람이 그럴 자격이 있어서가 아니라, 내 모든 허물이 실상 그 비판 이상이기 때문입니다.

나도 힘들지만 오늘 하루
누군가를 위로하고
누군가를 격려하고
누군가를 세워 주면
나도 그도 함께 견딜 수 있습니다.

_40
내가 목마르고
허기지면
남을 도울 수가 없고,
내가 욕망에 시달리고
탐욕에 흔들리면
남을
섬길 수가 없습니다.

_41
한 영혼이
천하보다 귀하다면서
정말 내가 그렇게
사는지 아니면
그 귀하다는 영혼이
아니라
다른 것들을
더 귀하게 여기면서
사는지
나는 몰라도
세상은 압니다.

_42
내가 하는 일이
나인 줄 알고
죽을힘을 다하고,
내가 갖고 있는 것이
나인 줄 알고
손에 쥐가 나도록
움켜쥐다가 문득
잃어버린 나를 찾아
뒤돌아보니
아!
어느새 석양이구나!

_43

실패가 부끄러운 것이 아니라 실패에서 배우지 못한 것이 부끄럽고, 실수가 어리석은 것이 아니라 실수에서 배우지 못한 것이 어리석습니다.

_44

비록 내게 순서가 돌아오지 않더라도 줄을 훝지 말아야 하고, 비록 내가 마실 물이 없더라도 쪽박은 깨뜨리지 말아야 합니다. 나 중심은 늘 소탐대실입니다.

_45
남의 약점을 비난한다고 나의 강점이 되지 않습니다.
남의 불의를 고발한다고 내가 정의로워지지 않습니다.
남을 통해 나를 세울 수 있다는 생각은 착각입니다.

깨어진 거울로는 바른 상을 볼 수 없고,
상한 마음으로는 올바른 진실을 분별할 수 없고,
병든 영혼으로는 명백한 진리를 깨달을 수 없습니다.

Chapter 3

마음이 삶을 결정한다

_46
좋은 음식 먹고 사는 것보다 좋은 마음먹고 사는 것이 더 건강합니다.

_47
몸을 마음먹은 대로 움직이려면 몸을 훈련해야 하고,
마음을 뜻대로 움직이려면 마음을 훈련해야 합니다.
몸도 마음도 힘들다고 내버려 두면 제멋대로입니다.

_48

칭찬에 익숙하면 비난에 마음이 흔들리고 대접에 익숙하면 푸대접에 속이 상합니다. 무슨 일이건 마음이 불편하면 내가 그동안 잘못된 익숙함에 젖어 있는 탓입니다.

_49

남을 욕하고 마음 편한 법이 없습니다. 욕은 남을 비참하게 만들기 전에 나를 하찮게 만들기 때문입니다. 웬만하면 욕하지 마세요.

_50

머리를 지나서 마음으로 가지 않은 생각은 조금만 거센 바람이 불면 날아갑니다. 깊이 생각하지 않고 내린 결정은 조금만 어려움이 닥쳐도 후회합니다.

_51

마음을 결정하는 결심 이전에 마음을 자아내는 작심이 먼접니다. 새 일을 시작하는 것은 작심이고, 그 일을 이루는 것은 결심입니다.

_52

깨어진 거울로는 바른 상을 볼 수 없고,
상한 마음으로는 올바른 진실을 분별할 수 없고,
병든 영혼으로는
명백한 진리를 깨달을 수 없습니다.

_54

가장 소중한 능력의 하나는
내 안에서
끊임없이 기쁨을 자아올리는 능력입니다.

_53

홀로 있어서 외로우면 함께 있어도 외롭고,
홀로 있어도 기쁘면 함께 있어도 기쁩니다.

_55

내 안에서 기쁨을 찾지 못하면 내 밖에서도 기쁨을 찾지 못하고, 집 안에서 화평을 누리지 못하면 집 밖에서도 화평을 누리지 못합니다. 밖의 것들은 다 안에서 시작됩니다.

_56

내 안에서 해결되지 않은 일은 나 밖에서 해결되지 않습니다.

_57

홧김에 내뱉은 말과 화가 나서 내린 결정과 화를 견디지 못해 끊은 관계는 나를 더 화나게 합니다. 잦은 화는 성품을 파괴하고, 오랜 화는 병을 만듭니다.

진정한 기쁨은
상황과 조건에
흔들리지 않습니다.
진정한 기쁨은
내면의 깊은 곳에서
솟아올라
내 삶을 적시고
이웃으로 흘러가는
생명입니다.

_59

위선은
속은
그냥
두고
겉만
바꾸다가
속도
겉도
다
버려
놓습니다.

_60

자기만의
세상에
갇혀
있다면
누구나
자폐아입니다.

_61

상처는 숨기면 일생의 수치고 드러내면 인생의 훈장입니다.
상처의 극복은 상처를 없애는 것이 아니라 더 이상
부끄러워하지 않는 것입니다.
상처는 나로부터 시작된 일이 아닙니다.

_62

꿈은 상처를 만들지 않고, 희망은 상처를 곪게 하지 않고,
믿음은 상처에 굳은살을 남기지 않습니다.
마음의 상처는 상처로 받아들이는 사람에게만 상처여서
어떻게든 고사하고 볼 일입니다.

눈에 보이는 폭력의 상처보다 눈에 보이지 않는 폭언의 상처가 더 깊고 더 오래 갑니다. 폭언은 남에게 상처를 주기 전에 내 안에 먼저 상처를 남깁니다.

_64

내 상처가 다른 사람에게 위로가 되고 힘이 되면
그 상처도 선물입니다.
상처는 숨기면 나 혼자의 아픈 상처로 남고,
열어젖히면 누군가에게 선물입니다.

거짓된 성품으로
성공을 추구하는 것은
상한 밧줄을 타고
암벽을 오르는 것과 같습니다.

Chapter 4

인격은 성품으로 나타난다

_65

나와 다른 것을 못 견디면 독선이 자라고,
나와 다른 것을 포용하면 인격이 자랍니다.

_66

직업에 귀천은 없습니다.
다만 인격에 귀천이 있을 뿐입니다.
귀한 인격은 하찮은 일도 귀하게 만들고
천한 인격은 소중한 일도 천하게 만듭니다.
귀천을 구분 못하기 때문입니다.

_67

인격은 매너로 숨겨지지 않고 재능으로 덮어지지 않습니다.
성품은 배운 것으로 바뀌지 않고 가진 것으로 달라지지 않습니다.
바른 성품과 인격 위에 쌓지 않은 것은 다… 거품입니다.

_68

성품이 더 나아지지 않으면서
더 많아지고 더 커지고 더 높아지는 것은
더 위태로워지는 지름길입니다.

_69

내 성품이 감당할 수 없는 자리에 오르면
나도 이웃도 고통입니다.

능력 능력 하다가 인격을 허물고,
성과 성과 하다가 성품을 버리면
하나를 얻고 열을 잃는 것이나 마찬가집니다.

거짓된 성품으로
성공을 추구하는 것은
상한 밧줄을 타고 암벽을 오르는 것과 같습니다.

_72
어릴 때는
보고 듣는 것을 따라 살고,
어른이 되면
생각하고 믿는 것을 따라
삽니다.

_73
성장하면 어제보다
오늘 더 많은 책임을 감당하고,
성숙하면
어제보다 오늘 더 많이
감사합니다.

_74

미숙은 불균형이고
성숙은 균형입니다.

_75

성장해야 할 때가 있고
성숙해야 할 때가 있습니다.
성장해야 할 때
성숙하려 들면 볼품이 없고,
성숙해야 할 때
성장에 눈이 멀면
볼썽사납습니다.

_76

자기 몫을 열심히 챙기다가
남의 부족함에
고개를 돌릴 때 비로소
우리는 어른이 됩니다.

_77

태양은
지구가 중심이 아님을
보여 주고,
세상은
내가 중심이 아님을
드러냅니다.
미숙은
내가 중심임을 고집하고,
성숙은
내가 중심이 아님을
깨닫습니다.

지켜야 할 기준과 가치를 지키지 못하면
아무것도 지킬 수 없습니다.

Chapter 5

기준이 없으면 반성도 없다

_78

내가 절대적 기준 앞에 서 있지 않으면
나는 누구와도 평등하다는 것을 결코 인정할 수 없습니다.

_79 이게 왜 나쁜데? 다들 그러고 사는데 뭐가 문젠데? 세상이 어떤 모습이건 반드시 지키려는 기준이 없으면 방종하고 방황하다 방탕합니다. 그러고 나서 결국 세상을 탓합니다.

_80 지켜야 할 기준과 가치를 지키지 못하면 아무것도 지킬 수 없습니다.

_81 목표가 없다면 방향도 없고, 목적이 없다면 결과도 없고, 기준이 없다면 의미도 없습니다. 먼저 있어야 할 것이 없으면 다른 아무것도 다 소용 없습니다.

넘어졌다가 일어서는 것은
부끄러운 일이 아니고,
앞으로 가기 위해 되돌아가는 것은
어리석은 일이 아닙니다.

Chapter 6

희망은
일어섬의
힘이다

_82

희망은 영원한 자원입니다.

_83

절망도 내 안에 있고
희망도 내 안에 있습니다.
절망도 내가 키우고
희망도 내가 키웁니다.
내가 뿌리고
내가 키워서
내 안에 지닌 것들을
내가 퍼뜨립니다.

_84

인생에는 뜻밖의 일과 뜻대로 되지 않는 일이 그치지 않지만
웃음을 잃지 않으면 상황은 반드시 호전됩니다.
다만 그때까지 기다리는 사람과
못 기다리는 사람이 있을 뿐입니다.

_85

넘어졌다가 일어서는 것은
부끄러운 일이 아니고,
앞으로 가기 위해 되돌아가는 것은
어리석은 일이 아닙니다.

Part 2
_사람의 _길

고통은
육신을
지키고,
고난은
영혼을
지킵니다.

Chapter 7

삶은 고난이 있어 값지다

_86 깊은 골짜기가 있어 산은 더욱 높고, 짙은 어둠이 있어 빛은 더욱 밝고,
   힘든 고난이 있어 삶은 더욱 값집니다.

고통은
육신을
지키고,
고난은
영혼을
지킵니다.

_88

쉽게 돈을 벌려다가 쉽게 유혹에 빠지고,
쉽게 유명해지려다가 쉽게 덫에 걸립니다.
설혹 쉽게 이루어진다 해도 이렇게 이룬 것들이
모두 후일의 인생을 더 어렵게 합니다.

_89

어려울 때 여유를 갖고
힘들 때 웃고 비난할 때 귀를 기울이면
귀신도 떠납니다.

_90
살아갈수록 부지런한 것보다
게으른 것이 더 힘들고,
정직한 것보다
거짓된 것이 더 고통입니다.

_91
시험은 통과해야 하고,
시련은 이겨내야 하고,
유혹은 거절해야 합니다.

_92

어느 지점에 서느냐에 따라 전경이 달라지고,
어떤 관점을 갖느냐에 따라 인생이 달라집니다.
전경이 보이지 않으면 전망대를 바꿔야 하고,
인생이 풀리지 않으면 관점을 바꿔야 합니다.

_93

쉼은 휴양지가 아니라 나를 내려놓는 곳에 있습니다.

_94

먹고 싶은 것을 다 먹으면 몸이 건강할 수 없고,
하고 싶은 말을 다 하면 삶이 건강할 수 없습니다.
몸도 삶도 절제와 인내로 지킵니다.

_95

아무리 먹을 것이 없어도 종자는 먹을 수 없고,
아무리 내가 거두지 못해도 파종은 그만둘 수 없습니다.
아무리 어렵고 힘들어도 해서 안 될 일이 있고,
포기할 수 없는 일이 있습니다.

_96

배운 대로 살지 않으면 아무것도 배우지 않은 것이고,
가르친 대로 살지 않으면 아무것도 가르치지 않은 것입니다.

예쁜 꽃은 꺾이기 쉽고,
곧은 나무는 베이기 쉽습니다.
그래도 그렇게 되고 싶다면
그렇게 쓰이기로 마음먹어야 합니다.

_98

구름이 아무리 짙어도 구름 위의 태양은 빛을 거두지 않고,
사람의 죄악이 아무리 커도 하나님은 사랑을 멈추지 않습니다.

_99

인내와 절제는 고통이지만,
통한과 후회는 더 큰 고통입니다.

_100

고난은 나를 파묻는 무덤이 아니라 나를 내세우고 고집하는 의지를 파묻는 무덤입니다. 그 의지를 파묻으면 영혼의 불순물이 빠지지만 파묻지 못하면 고생만 합니다.

_101

고난은 겉보기와 달리 실상은 변장한 축복입니다. 고난이 선물임을 깨닫기만 하면 고난을 자청하고 고난 속으로 기꺼이 뛰어듭니다. 고난 속에 스스로 뛰어들면 이미 고난을 이긴 것입니다.

_102
고통은 우리의 관심을 하찮은 곳에서 중요한 곳으로 옮겨 놓습니다.
고통이 인생의 축을 바르게 세워 주었다면 고통은 선물입니다.

_103

"고통이 생각보다
  어렵다는 것을 배웠습니다."

40년 휠체어를 탄 분의 고백입니다.
모든 고통은 생각보다
훨씬 더 고통스러운 것이어서 반드시 누군가를 필요로 합니다.

_104

주인이 아니지만 주인의식을 갖는 사람은 언젠가 주인이 되고,
주인이면서도 손님 같은 사람은 언젠가 주인 자리를 내놓게 됩니다.

_105

오늘 하루에 올인하는 사람은 염려할 시간이 없고,
원망할 시간이 없고, 불평할 시간이 없습니다.

_106

계속 웃는 사람은 웃다가 원하는 것까지 얻고,
자꾸 화내는 사람은 화내다 가진 것까지 잃습니다.

_107

그 사람이 잘되는 것만 보면 그 사람을 시기하게 되고,
그 사람이 잘되는 이유를 보면 그 사람을 배우게 됩니다.

아무리 성난 파도도 고래를 삼킬 수 없고, 아무리 거친 바람도 독수리를 떨어뜨릴 수 없고, 아무리 큰 고난도 고난에 뛰어든 사람을 어쩌지 못합니다.

_109
남을 욕하는 사람들의 공통점은
자신이 얼마나 잘못 됐는지를 모르거나
알아도 자신의 허물은 문제 삼지 않는 것입니다.

_110
뛰어 다니는 새는 날개가 필요 없고, 안주하는 사람에게는 꿈이 필요 없습니다.

더 나은 방법보다
더 나은 사람이 열쇠입니다.
더 나은 사람 없이
더 나은 세상은 없습니다.

Chapter 8

더 나은 방법보다
더 나은 사람이다

_111

더 나은 방법보다
더 나은 사람이 열쇠입니다.
더 나은 사람 없이
더 나은 세상은 없습니다.

_112

그 사람 가까이 있지 않으면
배신할 수 없고,
도움을 바라지 않으면
욕할 일도 없습니다.

_113

물고기는
미끼에 걸려들고,
사람은 메시지에
걸려듭니다.

_114

사람에게 충성하는 사람을
조직에 충성하는 사람인 줄
잘못 알고,
조직에 충성하는 사람을
사람에게 충성하는 사람인 줄
잘못 알아
사람을 오해하고
조직을 무력하게 만듭니다.

_115
선물은 받는 사람을
위한 것이고,
뇌물은 주는 사람을
위한 것입니다.
값을 따지면
뇌물을 기대한 것이고,
뜻을 감사하면
선물과 마음을
함께 받은 것입니다.

_116
부지런한 사람에게는
도움이 약이지만,
게으른 사람에게는
도움이 독입니다.

_117

온유한 사람은 비판할 줄 몰라서가 아니라
비판하지 않기로 결정했기 때문에 비판하지 않습니다.
입만 열면 남을 비판하는 사람은 똑똑해서가 아니라
자기를 잘 몰라서입니다.

_118

사람에 대한 불만은 분노가 되고, 신에 대한 불만은 불안이 됩니다.

_119

가까운 것에 이끌려 가고 자주 만나는 사람을 닮아갑니다.
누구를 가까이 하고 자주 만나세요?

완벽주의자는 완벽한
삶을 사는 것이 아니라
자신과 누군가를 끝없이
벼랑 끝으로 몰아갑니다.
…
세상에 완벽한 사람은
없습니다.

_121
사람에게 드러나기를 바라다가 사람에게 묶이고,
사람에게 묶이다가 사람에게 분노하고,
사람에게 분노하다가 사람들을 원망합니다.
다 내가 사람 바라보다가 생긴 일입니다.

_122
사람을 무시하면 안 해도 될 싸움을 하게 되고,
사람을 존중하면 하고 있던 다툼도 멈춥니다.

_123
모든 악순환은
누군가 대신
손해 보는 사람이 나타나야
끝납니다.

_124
진정한 리더는 책임의 원인을 밝히는 사람이 아니고,
책임져야 할 사람을 찾는 사람도 아니고,
스스로 남의 책임까지 끌어안는 사람입니다.

_125

쓰레기 함부로 버리는 사람,
쓰레기 누가 버렸는지 찾는 사람,
쓰레기 버린 사람 욕하는 사람,
쓰레기 버린 사람과
다투는 사람들 때문이 아니라
쓰레기 조용히 줍는 사람 덕에
세상이 깨끗해집니다.

_126

내 생명보다 소중한 것을
발견한 사람보다
기쁜 사람이 없고,
내 생명을 주어도
아깝지 않은 것을 찾은 사람보다
행복한 사람은 없습니다.

_127

사람을
도구나 수단으로
생각하지
않는다면
사람을
희롱하거나
경멸하거나
학대하지
않습니다.
사람을
도구나 수단으로
생각한다면
나도 나를
사람으로
대하기를
포기한
것입니다.

_128

말이 거친 것은
속이 거칠기
때문이고,
속이 거친 것은
사랑받지
못한 탓입니다.
거친 사람
거칠게 대하면
그 사람
갈 곳이
없습니다.

_129

이상하게도
의로운 사람은
좀처럼 남을
비난하지 않고,
불의한 사람은
매사에
남을 비난합니다.
안타깝게도
남을
나무랄수록
사람은
나아지지 않고
더 메말라
갑니다.

_130

"다 그런 거지, 뭐."
그렇게 말하는
동안은
내 인생도
주위도
세상도
그대롭니다.
다 그렇지
않습니다.
눈에 띄지 않아도
다 그렇지
않은 사람이
반드시 있습니다.

_131

잘난 사람보다
계속 배우는 사람이 낫고,
멀리 간 사람보다
계속 가는 사람이 낫습니다.

_132

모두들 바쁘기는 한데 부지런한 사람은 출근하고 나서부터 바쁘고, 게으른 사람은 퇴근할 때가 가까워서 바쁩니다.

_133

이력서에 쓸 수 있는 것보다 쓸 수 없는 것이 훨씬 값집니다. 모르는 사람에게 베푼 친절, 지나치는 사람에게 지은 미소, 내세울 것 없는 작은 나눔… 모두 이력서 대신 하늘에 기록됩니다.

_134

불평하는 사람들을 만나다가 같이 불평하고, 욕하는 사람들과 다니다가 같이 욕하고, 꿈꾸는 사람들과 지내다가 같이 꿈꿉니다. 나는… 함께 시간을 보내는 사람들과 같이 빚어집니다.

_135

가까이 있는 사람이 소중하고, 오랜 시간 같이 있는 사람이 정말 소중하고, 일생 뜻을 함께하는 사람이 가장 소중합니다.

_136

사람을 오해하는 가장 흔한 두 가지 버릇은 과대평가와 과소평가입니다. 이 버릇에서 벗어나면 사람과 관계를 맺는 것이 훨씬 편안하고 풍성합니다.

_137
존중하는 사람에게
존중 받고,
무시하는 사람에게
무시당합니다.
세상은
나의 거울입니다.

_138
끊임없이 요행을
바라는 사람은
요행이 찾아오지
않으면
요행을 만들다가
변고를 겪습니다.

_139
사람이 약해지는
까닭은
다른 사람에게
인정받으려 하기
때문이고,
사람이
강해지는 까닭은
자기 자신에게
이미 인정받았기
때문입니다.

_140
아무리 강하고
담대한 사람도,
아무리 지혜롭고
위대한 사람도
한 생각에
붙들린 것이고,
한 믿음에
포로된 것입니다.

_141
항상 감사하고
늘 기뻐하고
언제나 남을
축복하는 사람은
누구도 불행하게
만들 수가 없습니다.

_142
남을 축복할 줄
모르고
남에게 감사할 줄
모르는 사람이
가장
불쌍한 사람입니다.

_143 세상에 바보는
없습니다.
누군가를 바보라고
생각하는
바보 같은 사람이
있을 뿐입니다.

_144
커지고 높아지고 강해지면
부러움은 줄 수 있어도
감동은 못 줍니다.

_145
진짜건 가짜건 다 감동을 줄 수 있습니다.
진짜는 감동 후에 평안과 기쁨이 오고,
가짜는 감동 후에 회한과 공포가 옵니다.

뜨내기도 단골 대접하면 단골이 되고,
단골도 뜨내기 대접하면 뜨내기 됩니다.
사람은 내가 대접하기 나름입니다.

Chapter 9

용서와 대접은 만남의 질이다

_146

세상은 보기 싫은 사람과도 더불어 사는 곳이고,
직장은 힘든 사람과도 함께 일하는 곳이고,
가정은 연약한 가족을 끝까지 사랑하는 곳입니다.
그래서 모두 용서가 필요한 곳입니다.

_147

짐을 가장 빨리 정리하는 방법은
버리는 것이고,
관계를 가장 빨리 정리하는 길은
용서하는 것입니다.

_148

진정한 대화는
내 확신을 내려놓을 수 있어야
가능하고,
진정한 용서는
내 상처를
낱낱이 드러낼 수 있어야
가능합니다.

_149 뜨내기도 단골 대접하면 단골이 되고,
단골도 뜨내기 대접하면 뜨내기 됩니다.
사람은 내가 대접하기 나름입니다.

_150
자리에 머무르는 데 익숙해지기보다
자리에서 내려오는 데 익숙해지면
서운한 일이 없습니다.
대접받기를 즐거워하기보다
대접하기를 즐거워하면
서운한 일이 없습니다.

_151

내가 어떤 대접을 받아야 할 것인지를 생각하는 동안은 쉼이 없고,
내가 어떤 대접을 받아도 괜찮을 때까지는 평안이 없습니다.

_152

모든 관계의 답은 멀리 있는 사람이 아니라
바로 곁에 있는 사람들에게 있습니다.
가까운 이들과의 관계가 풀리면 수많은 문제가 저절로 풀립니다.

_153

사람들과 관계를 화평케 하는 것이
내가 옳은 것을 주장하는 것보다 낫습니다.
관계가 화평케 되면 내가 주장하고자 했던 일이
내가 주장하지 않는 동안에 이뤄집니다.

_154

감사하는 사람에게는 더 주고 싶고,
불평하는 사람에게는 준 것도 되받고 싶습니다.
감사와 불평이 관계의 갈림길입니다.

_155

서로 도우면 못할 일이 없고,
서로 헐뜯으면 할 수 있는 일이 없습니다.
서로 도우면 일이 기쁨이고, 서로 헐뜯으면 일이 고통입니다.

_156

날마다 누구에게
어떻게 도움을
받을까를 생각하고 살면
결국 남의 도움에
의존하는 처지가 되고,
누구를 어떻게
도와야 할까를
생각하고 살면
어느새
남을 돕고 사는
형편이 됩니다.

_157

남을 언짢게
만들면서
내가 기쁠 수 없고,
남을
불행하게 만들면서
내가
행복할 수 없습니다.
모든 남은
나와 연결되어 있기
때문입니다.

_158

남을 탓하는 사람은
나보다 나은 사람과
일할 기회가 드물지만,
나를 탓하는 사람은
나보다
나은 사람과
함께 일할 기회가
잦습니다.
그 만남의
기회가
일생의 갈림길입니다.

_159

인간에게 없는
신성을
이웃에게
요구할 수 없습니다.
나도 당신도
다 불완전하고
부족하고
연약합니다.
그래서
기다려 주고
도와주고
품어 주고
격려하고
용납하는 길 외에
다른 길이
없습니다.

_160

가정은 앞가림도 못하는 아이가 있어 가정이고,
세상은 제 몫을 다하지 못하는 약자가 있어 세상입니다.
약한 사람이 없으면 공동체도 없고,
약한 사람 무시하면 공동체를 못 지킵니다.

_161

세상이 왜 이 모양인가. 교회가 왜 이 모양인가.
답은 같습니다.
공동체를 나만큼 중요하게 여기지 않기 때문입니다.

_162
사원이 들어오면 사장이 되고,
제자가 찾아오면 스승이 되고,
지지자가 생기면 지도자가 됩니다.
그렇게 되었을 때도 겸손하기는 참으로 쉽지 않습니다.

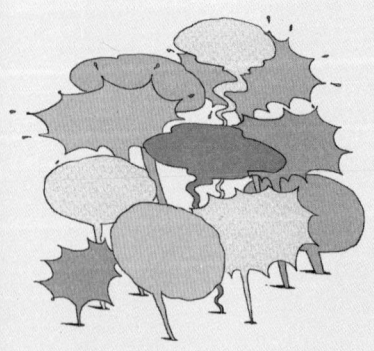

몸의 상처는 약과 수술이 필요하고,
영혼의 상처는 위로와 격려가 필요합니다.

Chapter 10

말에는 진심과 진실, 지혜가 있다

_163

진심이 담기지 않은 말은 다 소음입니다.

_164

성숙의 절정은 혀를 다스리는 것입니다.
생각과 마음을 지키는 것도 혀에 달렸고,
가정과 나라를 지키는 것도 혀에 달렸습니다.
작은 키가 배를 움직이듯 세 치 혀가 세상을 움직입니다.

_165

먹고 죽는 음식이 있고 먹고 사는 음식이 있습니다.
듣고 죽는 말이 있고 듣고 사는 말이 있습니다.
가려 먹고 가려듣는 것이 죽고 사는 길입니다.

_166

더러운 말을 하다가 더러워지고,
음란한 말을 하다가 음란해지고,
폭력적인 말을 하다가 폭력적이 됩니다.
나는 내가 말하는 수준의 사람입니다.

_167

"이제는 망했다."
내가 망했다는데 누가 돕겠습니까.
"새로운 기회다."
새로 출발하는 사람에게는 누군가 도움의 손길을 내밉니다.
도움 받고 못 받고는 내 말에 달렸습니다.

_168

날아온 돌에 몸이 다치고, 날아온 말에 영혼이 상합니다.
피하는 것이 상책이지만 피할 수 없어 다쳤다면
몸의 상처는 약과 수술이 필요하고,
영혼의 상처는 위로와 격려가 필요합니다.

내 앞에서 남을 험담하는 사람이 남들 앞에서
내 얘기를 좋게 하겠습니까.
그 사람 다니는 곳마다 오해가 생기고 균열이 생기니
그의 열심은 오히려 독입니다.

_170

누군가를 나쁘게 말하는 것보다
나의 못남을
드러내는 것이 없고,
그 못난 말에
맞장구를 치는 것보다
더 못난 일도 없는데
돌이켜보니
숱한 날을 그러고 살았구나!

_171

감사가 입버릇이 되면
감사할 일이 버릇처럼 따르고,
불평이 입버릇이 되면
불평할 일이 버릇처럼 따릅니다.
입버릇이
인생의 갈림길입니다.

_172

사랑이 없어도
사랑한다고 말할 수 있고,
눈이 멀어도
진리에 대해 논할 수 있고,
믿음이 없어도
입만 열면
신을 얘기할 수 있습니다.
진심은 말보다
행함입니다.

_173

많은 시간을 보낸다고
절친한 것도 아니고
자주 못 만난다고
소원한 것도 아닙니다.
말이 많다고
다정한 것도 아니고
말이 없다고
무심한 것도 아닙니다.
늘 겉보다 속입니다.

_174

진심은 소리 없이 하나가 되고, 사심은 소란 중에 나뉘집니다.
마음이 하나 되면 많은 말이 필요하지 않고,
마음이 나눠지면 말이 많을수록 오해가 많습니다.

_175

위선은 말이 많고, 진심은 말이 적습니다.
가짜는 주장하지 않을 수 없기 때문이고,
진짜는 설명해야 할 이유가 없기 때문입니다.

_176

실패가 불을 보듯 뻔해도 옳은 길이기에
끝까지 갈 수 있는 힘이 용기입니다.
성공이 손에 잡힐 듯 가까워도 옳지 않은 길이어서
언제 건 돌아설 수 있는 힘이 용기입니다.

_177

다수가 주장한다고 옳은 것도 아니며,
큰 소리로 말한다고 바른 것도 아닙니다.
진실은 주장하지 않아도 진실이고
거짓은 큰 목소리라도 거짓입니다.
시간은 거짓도 진실도 반드시 드러냅니다.

_178

진짜와 가짜가 반드시 구별되는 것은 둘 다 언젠가
열매를 맺기 때문입니다.

_179

가치를 알면 가격에 휘둘리지 않고,
진실을 알면 사람 말에 휘둘리지 않습니다.

_180

미디어가 다 전한다고 반드시 사실이 아니고,
영향력이 크다고 꼭 옳은 것도 아니고,
숫자가 많다고 참 진리가 아닙니다.
당하는 사람은 늘 분별하지 못하는 사람입니다.

_181

시류는 흔히 옳은 말보다 큰 목소리에 귀기울고,
옳은 것보다 두려운 것을 따르고,
옳은 일보다 득 되는 일에 바쁩니다.
시류는 반드시 지켜보되 섣불리 따라 나설 일은 아닙니다.

_182

지혜는 처음을 기억하고
끝을 준비합니다.

_183

올바른 분별은 지혜의 뿌리이고,
끝없는 비교는 불행의 씨앗입니다.

_184

안다고 생각한 것에 걸려 넘어지고,
잘 안다고 생각하는 것 때문에 더 나아가지 못합니다.
내가 뭘 모르는지를 아는 것만큼 소중한 지혜는 없습니다.

_185

사원이 사장의 뜻을 모른 채 아무리 일해도 헛수고이고,
연인이 상대의 마음을 모른 채 아무리 섬겨도 헛고생입니다.

_186

불안으로 두려워하지 않는 사람이 강한 사람이고,
불만에 시달리지 않는 사람이 행복한 사람이고,
불평으로 소란하지 않은 사람이 지혜로운 사람입니다.

_187

어리석은 사람이
마지막에 하는 일을
지혜로운 사람은
가장 먼저 합니다.
지혜는
바른 우선순위에
대한 분별력입니다.

비행기는 날개가 부담이 아니고
배는 닻이 짐이 아니고
사람은 일이 사슬이 아닙니다.

Chapter 11

사람에게 일은
배의 닻과 같다

_188
비행기는 날개가 부담이 아니고 배는 닻이 짐이 아니고
사람은 일이 사슬이 아닙니다.

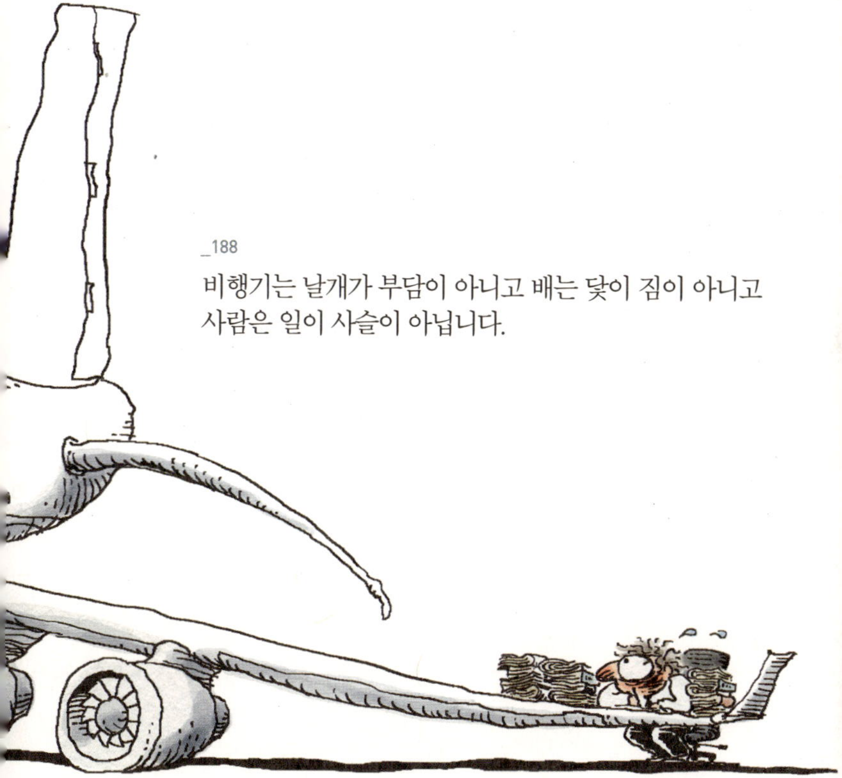

_189

일을 열심히 하는 사람이 있고, 일이 되게 하는 사람이 있습니다.
일을 열심히 하는 사람은 사람과 부딪치는 일이 잦고,
일이 되게 하는 사람은 좀처럼 사람을 다치게 하지 않습니다.

_190

우리가 지금 하고 있는 일은
누군가 전심으로 해보고 싶어 하는 일입니다.
그러니 우리가 지금 하고 있는 일들은
사실 전심으로 할 만한 일들입니다.
전심을 담으면 일도 나를 대접합니다.

_191

결코 하지 말아야 할 일을 하지 않는 것이
반드시 해야 할 일을 하는 것만큼이나 중요합니다.
둘을 구분하는 것은 더 중요합니다.

_192

일에 올인하는 사람은 사람에 올인하는 사람에 못 미치고,
한 쪽에 올인하는 삶은 균형 잡힌 삶에 못 미칩니다.

_193

놀고먹고 타락하는 것이
열심히 일하고
바르게 사는 것보다
더 고생입니다.
아무리 일이 많고
힘들어도
보람 있는 일은
기쁨이고,
아무리 일이 적고
몸이 편해도
무의미한
일은 고생입니다.

_194

작은 일
큰일
따지다가
결국 두 가지 일을
다 그르칩니다.
어떤 일이건
한마음으로
감당하면
모든 일이
다 내 인생에
도움입니다.
그리고
실제 큰일 작은 일이
따로 없습니다.

_195
내가 원하는 것이
이뤄지지 않으면
한동안 고통스럽지만
내가 원하는 것이
이뤄지면
평생 고통스러울 수도
있습니다.
그래서
이뤄지건 이뤄지지 않건
모든 일이
감사합니다.

_196
해야 할 일을
제대로 하는 길은
하지 않아도 되는 일을
하지 않는 것입니다.
기쁨 없이 일한다면
아무리
많은 돈을 받아도
손해 본 것입니다.

_197

"나는 이런 일 할 사람이 아닙니다."
열정도 기쁨도 없습니다.
"이 일은 내게 소중한 일입니다."
힘이 나고 기쁩니다.
일이 사람 가치를 결정하는 것이 아니라
사람이 일의 가치를 결정합니다.

_198

내가 원하는 곳에 있어서 행복하기보다
나를 필요로 하는 곳에 있어서 더 행복합니다.
내가 사람을 부릴 때보다
내가 누군가에게 도움이 될 때 더 행복합니다.

_199

의무는 해야 할 만큼만 일하고,
기회는 하지 않아도 되는 일까지 합니다.
의무를 기회로 바꾸면 일이 기쁨이고 성공은 덤입니다.

_200
웃는 얼굴은 어려운 일도 쉽게 만들고,
화난 얼굴은 쉬운 일도 어렵게 만듭니다.
웃는 얼굴은 바라지 않는 것도 얻게 되고,
화난 얼굴은 달라고 청해도 얻기 힘듭니다.

_201
내가 얼마나 유능한가를 일로 증명하려는
사람은 시간이 지날수록
내가 얼마나 어리석은가를 증명합니다.
사람은 일보다 더 많은 것이 관계로 증명됩니다.

전구 하나에 온 집안의 분위기가 바뀌고,
생각 하나에 온 인생의 진로가 바뀝니다.
안 바꾸면 그대롭니다.

Chapter 12

인생은
관계를 겪어 내는
여정이다

_202

날마다 재미만 좇다가
정작 중요한 의미를 놓치면
인생의 겨울을 맞았을 때
찾아갈 곳이 없습니다.

_203

값진 악기도 무능한 손에서는 제 소리를 낼 수 없고,
값싼 악기도 대가 손에서는 천상의 소리를 냅니다.
인생길에 누구를 만나느냐가
누구처럼 되느냐보다 큰일입니다.

_204
웬만한 일이 눈과 귀에 거슬리지 않고,
힘들고 어려운 일을 만나도 허둥대지 않고,
내가 그렇게 옳지 않을 뿐 아니라
그 사람도 그렇게 틀리지 않았음을 깨닫는 것은…
철 든다는 얘깁니다.

_205
내가 보기 싫은 사람이 많다면
나를 보기 싫어하는 사람은
더 많습니다.
관계가 어려워지는 것은
대부분 그가 아니라
나로부터 시작된 때문입니다.

_206

인생은 문제를 풀어가는
과정이라기보다
관계를 겪어 내는 여정입니다.
문제는 풀지 못해도
살 수 있지만
관계는 견디지 못하면
못 삽니다.

_210

일생 길 찾는 사람을
흘기지 마세요.
남이 가리키는 길을
선뜻 따르지도 마세요.
탐욕을 버리고
이웃을 살피면
이미 인생의
바른 길 위에 있습니다.

_211

전구를 바꾸면 밝기가 달라지고,
생각을 바꾸면 인생이 달라집니다.
전구 하나에 온 집안의 분위기가 바뀌고,
생각 하나에 온 인생의 진로가 바뀝니다. 안 바꾸면 그대롭니다.

_212

인생 병드는 줄 모르고 병들고, 썩는 줄 모르고 썩고,
무너지는 줄 모르고 무너집니다. 알면 그렇게 하겠습니까.

_213

다른 사람이 되기를 애쓰는 만큼 내 인생을 허비하고,
다른 사람의 것을 원하는 만큼 내 인생이 병듭니다.
나는 나일 뿐입니다.

_214

인생의
가장 큰 손실은
되돌려 받지 못한
돈이 아니라
그냥
흘려보낸 시간입니다.
허비한 시간은
배우고 깨닫지 못한 시간이고,
나를 고치지 못하고
남을 고치려 한
시간입니다.

_215

내가
생각하고 있다고
다 내 생각이
아닙니다.
마음에
먼지처럼 떠다니는
생각들은
이웃이
내다 버린 것들입니다.
분별하고 살지 않으면
내 인생이 아니라
남의 인생 사는 것입니다.

이왕 사람 손에
붙들리려면
대가 손에
붙들리는 것이 낫고,
이왕 쓰이려면
닳아 없어질 때까지
쓰이는 것이
낫습니다.

마라톤의 가치는
우승보다 완주이고,
인생의 의미는
성공보다 공생입니다.

_218

인생, 깨어 있지 않으면 늘 졸다가 어딘가에 빠지고 맙니다. 분주함에 빠지고 게으름에 빠지고 중독에 빠지는 것은 모두 졸음운전 탓입니다.

_219

인생에는 생각보다 패자부활전이 훨씬 많아서 오직 포기하는 사람만이 패자가 됩니다.

_220

인생이 해석되면 깊은 분노가 사라지고, 인생이 깨달아지면 참 소망이 자랍니다.

_221

부끄러운 일이 없고, 잊고 싶은 과거가 없고, 가리고 싶은 수치가 없는 인생이 없습니다. 인생은 용서의 반석 위에 세워집니다.

_222

인체의 중요한 장기는 몸 안에 감추어져 있고,
인생의 소중한 것은 눈으로 볼 수 있는 너머에 있습니다.

_223

왜라고 먼저 묻지 않으면 어떻게만 묻다가
인생의 방향을 그르칩니다.

_224

한 순간 생각 없이 내뱉은 말과 욱해서 부린 성질이
자칫 일생 화근이 됩니다.
내 안에서 걸러지지 않고 나간 것들은
인생의 체에 다 걸립니다.

_225

진정으로 소중한 것들은 다 선물입니다.
나라도 민족도 부모도 배우자도 자녀도
건강도 지혜도 인생 전체가 선물입니다.

_226

경력이 모자라도 넘치도록 행복할 수 있고,
권력에 짓밟혀도 사랑으로 이길 수 있고
질병에 져도 인생에 승리할 수 있습니다.

_227

이익만 쫓아다니면 일생 큰 이익을 놓치고,
손해 볼 줄 모르면 평생 손해 봅니다.

_228

죽도록 일하고 열심히 사는데 허무하고 고독하다면
처음부터 방향이 빗나갔기 때문입니다.

_229

간절히 원해 본 적이 없다면 진정 뭘 원하는지 알 수 없고,
간절히 찾은 일이 없다면 일생 뭘 찾고 있는지 모릅니다.
간절함이 없으면 일은 힘들고 인생은 더 힘듭니다.

_230

내가 어리석은 줄 모르는 것이 어리석음이고,
내가 어리석다는 것을 아는 것이 지혜로움입니다.
그래서 어리석은 사람은 교만하고 지혜로운 사람은 겸손합니다.

_231

겸손은 죽도록 일하고도 내가 한 일이 없다고 말하고,
교만은 별로 한 일도 없는데 내가 다한 것처럼 말합니다.
실제로 어떤 일이건 내가 한 일이 그리 많지 않습니다.

_232

우리 모두
누군가의
사랑과 헌신에
빚진 자입니다.
겸손은
그 빚을 기억하고,
교만은
그 빚을 모릅니다.

_233

건강하고
부유하고
높아져서
교만해졌다면
병약하고
가난하고
낮아져서
겸손함만 못합니다.
교만은
나를 잃는 길이고
겸손은
나를 찾는 길입니다.

_234

교만은
나를 기준 삼기에
항상
내가 옳다고
주장하고,
겸손은
나를 기준 삼지
않기에
항상 내가 틀릴 수
있음을
받아들입니다.

_235
겸손은
나보다
못난
사람을
찾기가
어렵고,
교만은
나만한
사람을
만나기가
어렵습니다.

_236
내 삶에
감사가 늘면
내가
겸손해지고 있다는
사인이고,
불만이 늘면
내가
교만해지고 있다는
사인입니다

Part 3
_세상의 _길

권력은 나보다 강한 것을 섬기고,
사랑은 나보다 약한 것을 섬깁니다.

Chapter 13

돈과 권력, 그리고 사랑

_237

돈이 할 수 없는 일이 있다는 것을 모르고 돈을 벌면 돈이 독이고,
권력이 할 수 없는 일이 있다는 것을 모르고
권력을 쥐면 권력은 폭력입니다.

_238

돈과 자리와 인기는 결코 나를 끝까지 책임져 주지 않습니다.

_239

돈보다 값진 것이 있음을 모르면 돈 때문에 못할 일이 없고,
권력으로 할 수 없는 일이 많다는 것을 모르면
권력 때문에 못할 일이 없습니다.

_240
권력은 나보다 강한 것을 섬기고,
사랑은 나보다 약한 것을 섬깁니다.

_241
사랑은 사람을 바꾸려고 하지 않아서
언젠가 사람이 스스로 바뀌게 되고,
권력은 사람을 내 뜻대로 바꾸려다 결국 사람만 버려 놓기 일쑵니다.

_242

사랑은 내가 나를 제한하는 힘이고,
권력은 내가 남을 제한하는 힘입니다.
사랑은 나를 묶고 권력은 남을 묶습니다.

_243

권력은 내가 지키는 것이고,
권위는 남이 지켜 주는 것이어서
잃어버린 권력은 되찾을 수 있지만,
잃어버린 권위는 되찾지 못합니다.

_244

권력은 끝내
이득을 취하고,
사랑은 끝까지
손해를 봅니다.

내가 분명한 목표를
추구하지 않으면
나는 쉴 새 없이
세상에 추격당합니다.
일단 추격당하면
일생 속도전에 휘말립니다.

Chapter 14

악함은 선하지 않은 성공과 목표에 기생한다

_245
마음에 악한 생각을 품는 것은
내 우물에 독을 푸는 것과 같고,
입에 거친 욕설을 담는 것은
내 방을 오물로
도배하는 것과 같습니다.

_246
바른 일인데 돕고 싶지 않은 것은
시기심 때문이고,
옳지 않은 일인데 돕고 있는 것은
이해관계 때문입니다.
둘 다 비겁한 일이어서
훗날 반드시 후회할 때가 있습니다.

_247
어리석음의 특징은
어리석은 줄 모르는 것이고,
악함의 특징은
잘못인 줄 알고도 뻔뻔한 것입니다.
둘 다 나를 기준 삼은 탓입니다.

_248
녹은 쇠가 있어야 피어나고,
암은 몸이 있어야 살찌우고,
악은 선이 있어야 기생합니다.

_249

누가 들을까. 반드시 누가 들었습니다. 누가 볼까. 반드시 누가 봤습니다. 땅에서는 비밀 같아도 하늘에서는 모두가 다 아는 일입니다.

_250

성공보다 내공이 소중한 까닭은 내공이 우리를 성공에 안주하지 않게 하고, 실패에 주저앉지 않도록 하기 때문입니다.

_251

정직한 실패는 성공의 씨앗이고,
부당한 성공은 몰락의 서곡입니다.

_252

아무리 부족한 결정도 결정 안 하는 것보다 낫고,
아무리 낮은 목표도 없는 것보다 낫습니다.
부족한 결정을 자주 하다 성숙하고,
낮은 목표를 계속 이루다 높은 목표에 이릅니다.

_253

목표가 분명하면 어떻게든 고난을 이겨내게 되고,
목표가 흐리면 어떻게든 고난을 피하게 됩니다.
고난보다 늘 목표에 집중하면 어느 날 고난은 선물로 기억됩니다.

내가 분명한 목표를
추구하지 않으면
나는 쉴 새 없이
세상에 추격당합니다.
일단 추격당하면
일생 속도전에 휘말립니다.

걱정도 습관이고 도전도 습관입니다.
어느 쪽을 택하건 선택부터 습관입니다.

Chapter 15

세상은 선택으로 만들어진 얼굴이다

_255
세상이 이렇게 유지되는 것은
인간이 이토록 무섭게
타락할 수 있다는 사실에
절망하지 않고,
인간이 한 순간에도
새로워질 수 있다는 사실에
희망을 가진 덕분입니다.

_256
깨끗하지 않은 연못에서도
연꽃이 피고,
혼탁하기 이를 데 없는 세상에서도
성자가 나오는데
어떻게 환경만을 탓하겠습니까?

_257
오늘 하루 추월하는 사람에게 양보하고
끼어드는 사람마저 축복하면
더 나은 세상이 오고,
추월하는 사람 다시 추월하고
끼어드는 사람에게 욕해대면
더 험한 세상이 옵니다.

_258

세상에 끊어지지 않는 동아줄은 없습니다.
끊어지지 않을 것이라고
착각하는 밧줄이 있을 뿐입니다.
이 땅에 안전지대는 없습니다.
안전하다고 착각하는 곳이 있을 뿐입니다.

_259

세상이 더 나아지는 길은 더 많은 사람이 더 배우는 것보다
더 많은 사람이 이미 배운 대로 사는 것입니다.

_260

세상을 속이다가 나도 세상에 속고,
남을 속이다가 나 자신에게도 속습니다.

_261
세상이 나 중심으로 돌아가지 않는 것에 불만인 까닭은
내가 아직 미숙한 탓이고,
세상이 나 중심으로 돌아가지 않아도 담담한 것은
이제 내가 성숙하고 있기 때문입니다.

_262
모든 일은 마음에서 시작되고,
모든 행동은 동기에서 비롯되고,
모든 열매는 씨앗에서 결정됩니다.

_263

태어날 때 얼굴은 내가 선택할 수 없지만
죽을 때 얼굴은 내가 선택합니다.
매 순간 결정하는 선악의 동기와
날마다 빚어 가는 영혼의 모습이 결국 내 얼굴입니다.

_264

잃는 것보다 더 많이 얻는 선택이 있고,
잃는 것보다 더 많이 잃는 선택이 있습니다.
이미 잃은 것을 돌이킬 수 없을 때 우리의 선택이 인생의
또 다른 갈림길입니다.

_265
걱정도 습관이고 도전도 습관입니다.
어느 쪽을 택하건 선택부터 습관입니다.

_266
모든 선택이 삶의 갈림길입니다.
대부분 돌이킬 수 없는 길이어서
하찮은 선택이란 없습니다.

모든 탐욕의 끝은
나와 내 이웃의 파멸입니다.

Chapter 16

욕망과 탐심은 소유에 대한 불만이다

_267 배는 바다에 있어 위험한 것이 아니라
뱃속에 바닷물이 들어올 때 위험하고,
사람은 세상에 있어서 위험한 것이 아니라
세상의 탐심이 우리 속에 들어올 때 위험합니다.

모든 탐욕의 끝은 나와 내 이웃의 파멸입니다.

_269

아무리 가져도
나눌 것이 없으면
아무것도 없는 것이고,
아무리 배워도
변한 것이 없다면
아무것도 안 배운 것입니다.

_270

돈을 손해보고
돈을 잃는 것보다
마음이 상하고
마음을 잃는 것이
언제나
더 큰 손실입니다.
사실은…
돈을 잃는 것이
가장
적게 잃는 것입니다.

_271

탐욕은
언제나 족함을 몰라
불만이고,
그칠 줄 몰라 쉼이 없고,
인정할 줄 몰라
화합이 없습니다.

_272

내 생명을
드릴 가치가
없는 것은
꿈이 아니라
욕심입니다.
내 평생 추구할
가치가 없는 것은
비전이 아니라
탐욕입니다.

_273
그걸 가져서 무엇을 할 것인지가 분명하지 않으면 갖는 것이 도리어 불행의 시작입니다.

_274

내 것에 목말라하다가 내가 가진 것에 묶이다가
내가 쌓은 것 때문에 파멸합니다.
소유욕만큼이 속박입니다.

모든 변화는
땀과 눈물과 피를 먹고 열린
희생과 헌신의 열매입니다.

Chapter 17

세상 모든 변화는 희생과 헌신의 열매다

_275

삶을 해석한다고
인생이 바뀌지 않고,
세상을 해석한다고
세상이 바뀌지 않습니다.
모든 변화는
땀과 눈물과 피를 먹고 열린
희생과 헌신의 열매입니다.

_276

내가 나를
변화시킨 일이 없다면
내가 남을
변화시킬 일도 없습니다.
나 자신에게
이루어지지 않은 일을
주장하는 것은
다 위선이자
헛수곱니다.

_277
떠나면 새 길이 열립니다.
떠나 보면 이미 준비되어 있는 뜻밖의 것들을 발견합니다.

_278

큰 그릇은 운이 없어서 늦게 만들어지는 것이 아니라
큰 용도로 쓰기 위해 천천히 만들어지는 것입니다.

_279

힘든 길을 지나가지 않고 높은 곳에 이르는 길은 없습니다.
지금 힘든 길을 걷고 있다면 그 길은 오르막이고
쉬운 길이라면 내리막입니다.

_280

사라지지 않는 기쁨은 먼저 대가를 치러야 하고,
사라져 버릴 쾌락은 후에 대가를 치러야 합니다.

Part 4
하늘의 길

십자가의 기독교는 욕한다고 개독교가 되지 않고,
십자가 없는 기독교는 욕하지 않아도 기독교가 아닙니다.
십자가는 내 손에 못 박는 사람을 위해 기도한 곳이고,
모든 비난에도 침묵한 곳입니다.

Chapter 18

예수님의 십자가는 종교가 아니다

_281

종교인들이 예수를 내몰았고, 전문가들이 예수를 조롱했고,
기득권층이 예수를 못 박았습니다.

_282

병들어서 치유할 수 없는 영혼이 있다면
예수는 이 땅에 오지 않았을 것이고,
타락해서 받아 줄 수 없는 인간이 있다면
예수는 십자가를 지지 않았을 것입니다.

_283
십자가의 기독교는 욕한다고 개독교가 되지 않고,
십자가 없는 기독교는 욕하지 않아도 기독교가 아닙니다.
십자가는 내 손에 못 박는 사람을 위해 기도한 곳이고,
모든 비난에도 침묵한 곳입니다.

_284

십자가는 또 하나의 굴레가 아니라 모든 굴레로부터의 자유입니다.

_285

십자가를 놓고 싸울 수 없는 까닭은 그가 죽어야 할 자리에서 내가 대신 죽기로 결정한 때문입니다.

_286

십자가는 주자의 진루를 위해 타자가 죽어도 좋다는 희생번트 사인입니다. 그 사인을 잘못 알거나 무시해 내가 살고 주자를 죽이면 감독의 작전은 실패합니다.

_287
가장 무서운 오해는
신에 대한 오해이고,
가장 끔찍한 억압은
신의 이름으로 자행되는 억압입니다.

_288

종교는 중독되고,
신앙은 해독됩니다.

_289

종교는 쌓고,
신앙은 버립니다.

_290

종교의 옷을 입은
이기주의는 벌거벗은
이기주의보다 더 위험합니다.
신념으로 무장할 뿐 아니라
적대감에
사로잡히기 때문입니다.

촛불이 타올라 빛을 내는 것은
초의 죽음이 아닙니다.
누군가에게 유익이 된 생명은
영원 속으로 자리를 옮겼을 뿐입니다.

Chapter 19

진리에 대한 믿음이 영성이다

_291
불현듯 떠오르는 생각 속에도
해법이 있고,
스치듯 지나치는 인연 속에도
섭리가 있습니다.

_292
인간은
욕망을 디자인하고,
신은
생명을 디자인합니다.

천국의 일상은 웃음으로 시작해서 웃음으로 끝나고,
지옥의 일상은 짜증으로 시작해서 짜증으로 끝납니다.

소금이 녹아 짠 맛을 내는 것은
소금의 소멸이 아니고,
촛불이 타올라 빛을 내는 것은
초의 죽음이 아닙니다.
누군가에게 유익이 된 생명은
영원 속으로 자리를 옮겼을 뿐입니다.

_295

이념은 사람을 억압하고, 진리는 사람을 자유롭게 합니다.

_296

신이 없다고 믿으면 우연이 너무 많고,
신이 있다고 믿으면 필연이 너무 많습니다.

_297
하늘을 보면 두렵지 않고 땅을 보면 부럽지 않습니다.
하늘은 죽으면 어떻게든 돌아가야 할 곳이고,
땅은 죽으면 누구나 빈손으로 묻혀야 할 곳이기 때문입니다.

_298
진리는 단순하고 쉽고 공짭니다.
가짜는 복잡하고 어렵고 돈 듭니다.

_299

문제는 답이 있어 문제이고,
고난은 끝이 있어 고난이고,
삶은 죽음이 있어 삶입니다.

_300
모든 자유는 두려움과 부러움으로부터의 자유입니다.

_301

내 뜻을 이루기 위해 존재해야 하는 신은
그 이름을 무엇이라고 부르건
모두 가명일 뿐 본명은 우상입니다.

_302

태양을 보면 촛불에 연연하지 않고,
진리에 눈뜨면 가짜를 곁눈질하지 않고,
생수를 마시면 탄산음료에 목마르지 않습니다.

_303
"보면 믿겠습니다."
보면 믿을 필요 없습니다.
믿음은 지금 내 눈 앞에
보이지 않는 것을
마치 보는 것처럼
대하는 것입니다.

_304
1%의 가능성도
가능하다는 뜻이고,
99%의 가능성도
실패할 수 있다는 뜻입니다.
가능성은 수치보다는
믿음에 달렸습니다.

_305
이성은 상상을
상상으로 끝내지만,
믿음은 상상을
현실로 만듭니다.
믿음은 이성과
상상 사이의 벽을
인정하지 않습니다.

_306
믿지 말아야 할 것을
믿다가
믿는 것에 걸려 넘어지고,
기대지 말아야 할 것에
기대다가
기댄 것과 같이 쓰러집니다.

_307 내 믿음이 아무리 커도 살얼음은 깨지고,
내 믿음이 아무리 작아도
두꺼운 얼음은 버팁니다.
안전은 내 믿음이 아니라 믿음의 대상에 달렸습니다.
잘못된 믿음은 영혼도 앗아갑니다.

_308 **질문은 지성을 낳고,
침묵은 영성을 낳습니다.**

_309 아무도 보는 사람이 없을 때 하는 일이 영성을 보여 주고,
아무도 알아주지 않을 때 하는 일이 소명을 알려 줍니다.

_310
반복이 영성입니다. 거짓말이건 주문이건 봉사건 기도건
반복하고 있는 것이 나의 영성입니다.

_311
쉽게 할 수 있는 것은 실력이고,
끝까지 할 수 있는 것은 영성입니다.
실력은 과정을 풍성하게 하고, 영성은 끝을 아름답게 합니다.

_312

편안함은 익숙한 것에

길들여진 탓이고

평안함은 익숙한 것에

묶이지 않은 때문입니다

영성은 편안함이 아니라

평안함입니다

사랑하면 기다립니다.
믿음이 가면 기다립니다.
희망이 있으면 기다립니다.
기다림은 동행의 첫걸음입니다.

Chapter 20

믿음·소망·사랑은 기다림이다

_313

믿음이 없으면 못 기다리고,
사랑이 없으면 못 참고,
희망이 없으면 못 삽니다.

_314

희망은 고난에 의미를 주고,
믿음은 고통에 인내를 주며,
사랑은 고독에 기쁨을 줍니다.

_315

"돈이 없어 못합니다."
"능력이 없어 못합니다."
"자격이 없어 못합니다."
아닙니다.
꿈이 없고, 믿음이 없고, 사랑이 없어
안 할 뿐입니다.

_316

사랑하면 기다립니다.
믿음이 가면 기다립니다.
희망이 있으면 기다립니다.
기다림은 동행의 첫걸음입니다.

_317

고난 속에서만 자라나는 믿음이 있고,
고통 속에서만 깨닫는 사랑이 있습니다.

_318

가장 아름다운 열매는 수고 없이 얻은 열매가 아니라
눈물로 뿌린 씨앗, 땀으로 뻗은 가지, 인내로 핀 꽃,
그 꽃마저 지고 맺힌 열매입니다.

_319

잎이 시드는 것은 뿌리의 약함 때문이고,
아이들이 시드는 것은 어른들의 악함 때문입니다.

_320

부모가 병들면 아이들도 따라서 병이 나고,
부모가 꿈이 없으면 아이들도 미래를 꿈꾸지 않습니다.

_321

가정이 원래 힐링캠프인데 제 역할을 못하면
온 세상에 힐링캠프를 차려야 합니다.

_322

모든 위선은 집 안에서 하는 말과 집 밖에서 하는 말이 달라서
시작됩니다. 그래서 아이들은 모두 집에서 위선을 배웁니다.

_323 집을 허물어뜨리면서 집 밖에서 업적을 쌓는 것은
종아리를 베어서 허기를 채우는 것과 같습니다.

_324 변하지 않는 부모 아래서 변하는 아이가 좀처럼 없고,
변하지 않는 스승 아래서 변하는 제자가 지극히 드뭅니다.

_325

탐욕을 위해 끝없이 경쟁하는 세상을 만들어 놓고 아이들에게
희망을 말할 수 없고, 정욕을 위해 더없이 음란한 세상을 만들어 놓고
아이들에게 도덕을 말할 수는 없습니다.

_326

때가 되면 부모를 떠나는 것이 부모를 제대로 사랑하는 것이고,
자녀를 떠나보내는 것이 자녀를 제대로 사랑하는 길입니다.
못 떠나고 못 떠나보내면 감정의 골만 깊어집니다.

"바쁘세요?"
사랑하는 사람이 물었다면
바쁘다고 대답하지 않습니다.
사랑은 정말 바쁘지 않습니다.

Chapter 21

사랑은
모든 시도의
완성이다

_327
사랑하는 사람은 상대방의 말을
끝까지 들어줍니다.
심지어 같은 말을 되풀이해도…

_328
오만 가지 일을 하더라도
사랑하지 않으면 헛일이고,
온 세상을 다 쥐어도
사랑받지 못하면 빈손입니다.

_329

미워해도 잘할 수 있다면 사랑하면 더 잘 할 수 있습니다.

_330

돈에 목마르고 성에 목마르고 인기에 목마른 것이 아닙니다.
뿌리 깊은 목마름은 하나같이 사랑에 대한 갈증입니다.

_331

"바쁘세요?" 사랑하는 사람이 물었다면 바쁘다고 대답하지 않습니다.
사랑은 정말 바쁘지 않습니다.

_332
시든 풀에
단비가 내려야
소생하듯
시든 영혼에는
사랑이 전해져야
살아납니다.

_333
누군가를
진실로
사랑한다면
어떤 것도
희생이라고
말하지 않습니다.

_334

모르고도
아는 체하기는 쉬워도
알고도
모른 체하기는 어렵습니다.
그러나
사랑은 자주 알고도
모른 체합니다

_335

나를 바꿀 수 있는
유일한 힘은
지식이 아니라 사랑입니다.
세상을 바꿀 수 있는
유일한 힘은 권력이 아니라
사랑입니다.
사랑은 모든 시도를 완성합니다.

_336

사랑은 허물을 덮어 주고
허물을 잊어버립니다.
사랑은 베풀고 베푼 것을
잊어버립니다.
하지만 사랑이 없다면
다 기억합니다.

_337

사랑 없이
침묵하면
오해를 낳고,
사랑 없이
말이 많으면
상처를
낳습니다.
사랑 때문에
말하고,
사랑 때문에
침묵합니다.

_338

우리 모두 사랑 받기 위해 태어났습니다.
그러나 우리 모두 사랑하기 위해서는
다시 태어나야 합니다.

_339

사랑은 맷집을 불립니다.
욕을 먹어도 마음 상하지 않습니다.
내가 잘나서가 아니라
욕하는 사람이 못나고
불쌍한 사람임을 알기 때문이고,
욕하는 그 사람을 위해서
기도하기 때문입니다.

_340

사랑은
누군가의 약점을
두 손에 쥐고
흔들어 대지 않습니다.

_341
사랑은 아무리 표현해도 절망을 안겨 주지 않고,
아무리 불이 붙어도 태우지 않습니다.

_342
내가 그 사람들 눈에 들고자 애쓰는 것보다,
내가 그 사람들을 품는 것이 훨씬 평안합니다.

_343

홀로 있으면 불안하고 사람들을 만나면 성가시고 무슨 일을 해도
허망한 까닭은 사랑에 허기진 탓입니다.

_344

사랑이 깊어지면 계산에 무뎌지고,
사랑이 식어 가면 계산이 빨라집니다.

_345

"내가 할 만큼 했습니다. 더 이상 못합니다."
사랑할 때 결코 하지 않는 말입니다.
사랑은 오히려 더 돕지 못하는 것을 안타까워합니다.

_346

사랑이 식어 가는 것은 헌신하지 않기 때문이고,
사랑이 뜨거워지는 것은 더욱 헌신하기 때문입니다.
사랑이 예전 같지 않은 것은 그 사람 때문이 아니라 나 때문입니다.

_347
누구 편인가를 따질 때는 정의가 사라지고,
누가 이익인가를 따질 때는
사랑이 사라집니다.

_348

사랑은 무엇이 가장 좋은 것인 줄을 몰라서 거절하는 사람에게
끝없이 최상의 것을 주는 마음입니다.

_349

배신을 당해도 버림을 받아도 사랑은 후회하지 않습니다.
사랑은 사랑할 때 이미 더 많은 사랑을 받았기 때문입니다.

_350

내가 누군가를 진심으로 사랑하고 있지 않다면
내가 얼마나 많은 일을 하고 있는지
그리고 내가 얼마나 많은 사람에게 인정받고 있는지는
중요하지 않습니다.

_351

사랑은 수치를 겪습니다.
그러나 괜찮습니다.
내가 더 중요하지 않기 때문입니다.
사랑은 어려움을 겪습니다.
그러나 괜찮습니다.
당신이 더 중요하기 때문입니다.

_352

빛의 반대가 어둠이 아니라
빛의 부재가 어둠이고,
사랑의 반대가
미움이 아니라
사랑의 부재가 미움입니다.
사랑이 없는 곳은
어디나 반목과 투쟁입니다.

내가 행복할 때보다
내가 사랑하는 사람이 행복할 때
더 행복합니다.

Chapter 22
내려놓음의 끝에는 행복이 있다

_353 포기는 할 수 없다고 결정하고 멈추는 것이고,
내려놓음은 할 수 있지만 하지 않기로 결단하고 멈추는 것입니다.
포기는 아쉬운 결정이고, 내려놓음은 깊은 성찰입니다.

_354 내려놓고 물러서고 양보하고 포기하고 침묵하는 것이
결코 패배가 아니지만 그악스럽고 소란스러운 세상에서
어떻게 그 결단을 선택할 수 있을까.

_355 마지막은 마지막이 결정하는 것이 아니라 지금이 결정합니다.
아름다운 마무리는 지금을 마지막처럼 사는 것입니다.

_356

끝이 어딘지를 모르고 가면
아무리 빨리 가고
아무리 멀리 가고
아무리 높이 가도
헛수곱니다.

_357

그걸 가지면
행복해질 수 있다고
말하는 것들은
99% 미껍니다.

_358
옳은 일을 할 때 느끼는 기쁨과
바른 길을 갈 때 느끼는 평안…
그 기쁨과 평안이 인생의 가장 큰 보상입니다.
그 기쁨과 평안 속으로 걸어가면
인생의 모든 순간은
영원의 시간입니다.

_359
불행은 갖지 못한 것을
탐하는 것이고,
행복은 가진 것을
누리는 것입니다.
생각하면 할수록
가진 것이 갖지 못한 것보다
많습니다.

_360
사랑이 많으면
남의 일로도 기쁨을 맛보고,
미움이 많으면
남의 일에도 심술이 납니다.
행복은 사랑 속에 깃들어 있고,
불행은 미움 속에 자라납니다.

_361

행복하기 위해
진정 필요한 것은
다른 직업과 다른 환경보다
다른 관점과 다른 태돕니다.

_362

남을 바꾸어서
행복한 사람보다
나를 바꾸어서
행복한 사람이 훨씬 많은데도,
나를 바꾸려는 사람보다
남을 바꾸려는 사람이
훨씬 많습니다.
그래서 행복한 사람보다
불행한 사람이 훨씬 많습니다.

_363
골방의 영성이건 길 위의 영성이건…
시작도 끝도 사람입니다.

_364
인생의 마지막 후회는 한결같이…
내가 왜 그 일을 못했나,
왜 평생 일을 더 못했나가 아니라,
내가 왜 그 사람을 용서하지 못했나,
왜 그 사람을 더 사랑하지 못했나입니다.

_365

내가 행복할 때보다
내가 사랑하는 사람이 행복할 때
더 행복합니다.

조정민 @ChungMinCho 의
twitter 잠언록 시리즈

수많은 독자의 마음을 사로잡은 책!
나를 비춰 주는 거울 같은 책!
읽을수록 삶의 길이 보이는 책!

1권 사람이 선물이다

신국판 변형 양장 | 264쪽

힘든 사람이 나타나면 나를 돌아보고 깨달으라는 사인이고,
편안한 사람이 나타나면 그 사람을 살펴보고 배우라는 사인입니다.
사람이 늘… 선물입니다.

2권 인생은 선물이다

신국판 변형 양장 | 280쪽

돌아갈 곳이 있으면 인생은 여행이고 돌아갈 곳이 없으면 인생은 방황입니다.
돌아갈 날을 기대하며 기다립니다.

이 책이
당신의 길 찾기에
도움이 되었기를 바랍니다.